मन की उड़ान

डॉ. रंजना वर्मा

pencil

ISBN 978-93-5610-909-4
© Dr. Ranjana Verma 2022
Published in India 2022 by Pencil

A brand of

One Point Six Technologies Pvt. Ltd.
123, Building J2, Shram Seva Premises,
Wadala Truck Terminal, Wadala (E)
Mumbai 400037, Maharashtra, INDIA
E connect@thepencilapp.com
W www.thepencilapp.com

DISCLAIMER: *The opinions expressed in this book are those of the authors and do not purport to reflect the views of the Publisher.*

Author biography

नाम - डॉ. रंजना वर्मा

जन्म - 15 जनवरी 1952, शहर जौनपुर में ।

शिक्षा - एम.ए. (संस्कृत, प्राचीन इतिहास) पी.एच.डी.(संस्कृत)।

लेखन एवम् प्रकाशन -

वर्ष 1967 से देश की लब्ध प्रतिष्ठ पत्र पत्रिकाओं में, हिंदी की लगभग सभी विधाओं में । कुछ रचनाएँ उर्दू में भी प्रकाशित ।

प्रकाशित कृतियाँ -

साईं गाथा (महाकाव्य)। अश्रु अवलि, सर्जना, समर्पिता, सावन, कैकेयी का मनस्ताप, वैदेही व्यथा, संविधान निर्माता, द्रुपद - सुता, सुदामा,(सभी खण्ड काव्य)। चन्द्रमा की गोद में, पोंगा पंडित (बाल उपन्यास), समृद्धि का रहस्य, चुनमुन चिरैया (बाल कथा संग्रह), मुस्कान (बाल गीत संग्रह), फुलवारी (शिशु गीत संग्रह)। जज़्बात, ख्वाहिशें, एहसास, प्यास, रंगे उल्फ़त, गुंचा, रौशनी के दिए, खुशबू रातरानी की, ख्वाब अनछुए , शाम सुहानी, यादों के दीप, मंदाकिनी, आस किरन, बूँद बूँद आँसू (सभी ग़ज़ल संग्रह)। गीतिका गुंजन, सरगम साँसों की,

रजनीगन्धा, भावांजलि (गीतिका संग्रह), सत्यनारायण कथा (पद्यानुवाद)। मुक्तक मुक्ता, मुक्तकाञ्जलि, मन के मनके (सभी मुक्तक संग्रह)। दोहा सप्तशती, दोहा मंजरी (दोहा संकलन)। एक हवेली नौ अफ़साने, रास्ते प्यार के, अमला, पायल, अतीत के पृष्ठ, अँजोरिया, मर्डर मिस्ट्री, अँगना कँगना, सई (उपन्यास)। सूर्यास्त, सिंधु-सुता, परी है वो, नानी कहे कहानी, दशावतार (कहानी संग्रह)। साँझ सुरमयी, गीत गुंजन, गीत धारा , मीत के गीत, आ जा मेरे मीत,(सभी गीत संग्रह)। बसन्त के फूल (कुण्डलिया संग्रह)। कविता कानन, कविता कौमुदी, मन की उड़ान(कविता संग्रह)चुटकी भर रंग, जुगनू (दोनों हाइकु संग्रह)। चंदन वन (तांका संग्रह), इंद्रधनुष (चोका संग्रह), मेहंदी के बूटे (सेदोका संग्रह), नयी डगर (वर्ण पिरामिड संग्रह)।

'लौट आओ रुद्र' (उपन्यास का पूर्वार्द्ध) प्रेस में ।

सम्पादन -

मन के मोती, मकरंद , सौरभ, मौन मुखरित हो गया (चारो कविता संग्रह), अँजुरी भर गीत (गीत संग्रह), शेष अशेष (स्मृति ग्रन्थ), हास्य प्रवाह (हास्य व्यंग्य कविताओं का संग्रह, थूकने का रहस्य, करामाती सुपारी (दोनों हास्य व्यंग्य संग्रह)।

प्रसारण -

गीत, वार्ता, तथा कहानियों का आकाशवाणी, फैज़ाबाद से समय समय पर प्रसारण ।

सम्मान -

श्रीमती राजकिशोरी मिश्र सम्मान, श्रीमती सुभद्रा कुमारी चौहान स्मृति सम्मान, काव्यालंकार मानद उपाधि, छन्द श्री सम्मान, कुंडलिनी गौरव सम्मान, ग़ज़ल सम्राट सम्मान, श्रेष्ठ रचनाकार सम्मान, मुक्तक गौरव सम्मान, दोहा शिरोमणि सम्मान, सिंहावलोकनी मुक्तक भूषण सम्मान, दोहा मणि सम्मान।

सम्प्रति -

सेवा निवृत्त प्रधानाचार्या(रा0 बा0 इ0 कालेज जलालपुर, जिला अम्बेडकरनगर उ0 प्र0) से।

सम्पर्क सूत्र - ranjana.vermadr@gmail.com

CONTENTS

अब क्या होगा

अब क्या होगा

देश के
कर्णधारों ने
आदर्श
आचरण
और
सिद्धांतों के साथ
दल तो बदले ही
दिल भी
बदल लिये हैं ।
दिशाएं थर्रा उठी हैं
अनाचारों से
मानवता का पतन
देख कर
धरती का कलेजा

फट गया है ।
मेघ रूठ गए हैं,
धरती पर पड़ी दरारें
लंबी और लंबी
होती जा रही हैं ।
बेकस
मानवता के
थरथराते
होठों में
जकड़ उठी है
एक आवाज
एक प्रश्न
एक पुकार -
हे ईश्वर !
अब क्या होगा ?

तराजू के दो पलड़े

तराजू के दो पलड़े

तराजू के दो पलड़े
जिंदगी और मौत
इन्हीं पर
तोली जाती है
विधाता की सृष्टि की
हर कृति ।
यही निकषा है
यही निष्क्रर्ष
और यही
जीवन की
सार्थकता भी ।
विधाता का
प्रथम और
अंतिम विधान

उसकी

अद्भुत सृष्टि का

सच्चा प्रतिमान ।

श्रान्ति की अभिव्यक्ति

जीवन के

अगणित

उतार चढ़ावों को

देख कर

थक जाता है

रुक जाता है

श्रान्त जीवन

विरक्त मन ।

परिवर्तन की प्रतीक्षा में

धड़क उठता है

नन्हा सा हृदय ।

वैज्ञानिकता का व्यामोह

टूट जाता है

साँसों का मोह

छूट जाता है

बची रह जाती है

एक विरक्ति
त्यक्ताशा ।
विश्वासों की
ढहती दीवारों तले
दब जाती हैं
आस्था की अस्थियाँ
श्रद्धा बेमोल ।

जीवन सत्य

रिश्वत का लेनदेन
पैसों की चोरी
जानलेवा महंगाई
मिलावट
और जमाखोरी
सब मिल कर
चूस रहे
अफ़सर
ले घूस रहे
किस से
फरियाद करें ?
और यह महंगाई
यह तो
दिन पर दिन
बढ़ती ही जाती है
दौपदी की

चीर सदृश

जीवन की आशा

अब

घटती ही जाती है ।

अरमानों का खून

सरेआम

हो रहा है,

साँसों का खंडहर

नीलाम हो रहा है ।

कौन किसे देखेगा ?

हमदर्दी

और सहानुभूति

सब धोखे की टट्टी है

आज की दुनिया में

सच पूछो

तो सच्चाई का मतलब

सिर्फ जलती हुई

भट्टी है ।

न ईमान

न भगवान

सिर्फ़ बच रहा है

भ्रष्टाचार से जूझता

अनाचारों से पिसता

मात्र इंसान ।

इंसान भी नहीं

आदमी होने का

एहसास भर ।

मेरा महबूब

आज

सुबह की

ठंडी हवाओं ने

मुझे

तुम्हारा पैग़ाम

सुना दिया

मोहब्बत का पैगाम

और सुबह का

सलाम

लेकिन मेरे दोस्त !

हमारी राहें

तुमसे

कितनी अलग हैं ।

तुम

जिंदगी के

राही हो

और मैं मौत की

मोहब्बत में

कैद होकर

रह गई हूँ ।

कितनी ही बार मैंने

महसूस किया है

मौत के

ठंडे लम्स को

अपने

सिहरते शानों पर

उसकी

झुकी झुकी पलकें

मेरे सामने

मेरे चेहरे के क़रीब

खुली हुई हैं

और उन में से

झलक रहा है

एक दर्द

एक मासूम सा

मोहब्बत का शोला

वे बेजुबान आँखे

बोलती हैं

मुझे बार-बार

बुलाती है

अपने करीब ।

सच मानो

मैं उससे आज

यह जरूर कह दूंगी

मौत का वह

ठंढा एहसास

वह खूबसूरत सा

खामोश साया

वही मेरा महबूब है

मैं उसी की हूँ

सिर्फ़ उसी की ।

नारी

विश्व के

बाजार में है

ग्राहकों का

आज मेला

बढ़ रहा है व्यग्र रेला

किंतु कौन

किससे

क्या पूछे

क्यों पूछे ?

यहाँ

सभी क्रेता हैं

विक्रेता कोई नहीं ।

मौन है सब

नेत्र मुख की

मूक इंगिति

बोलती है

भावनामय वस्तु कोई
तोलती है ।
देख सूनी हाट
मैं भी
आ गयी हूँ
बेचने कुछ ।
मैं नहीं क्रेता
न लेना है मुझे कुछ
किंतु देना है
बहुत कुछ
मूल्य लेकर ।
तुम खरीदोगे ?
पूछते हो
हाथ खाली
मैं खड़ी हूँ
किसलिए
फिर इस तरह
पीछे पड़ी हूँ
रिक्त हैं
क्या हाथ मेरे ?
फिर से देखो
जरा ध्यान से देखो

इन हाथों में

कितनी श्रम-रेखाएँ हैं

गहरी पीली

हथेली में बंद

कितनी समस्याएं हैं ।

हां मैं इन्हें बेचूँगी

परिश्रम से थके

ये हाथ

इनका मैं

मोल करूंगी

क्योंकि

सामर्थ्य भर

परिश्रम करने पर भी

मेरे बच्चे भूखे हैं

उनका पेट नहीं भरता

मेरी

इन आंखों को

देख रहे हो ?

इनमें भी कभी

मद भरा रहता था

इनकी स्वामिनी भी

नीरज-नयना थी

किंतु अब
भूख
बेकारी
और अभावों की
धधकती ज्वाला ने
आंखों के पंकज
जला डाले हैं ।
चिंताओं की जोंकें
इनका मद-रस
चूस गयी हैं ।
अब बची हैं
रिक्त सूनी और
खामोश आंखें ।
लेकिन चौंको नहीं
नहीं नहीं
तुम निराश होकर
मत जाना ।
ये आंखें
निरर्थक या
बेकार नहीं है
क्योंकि इनमें
अभी भी ज्योति है

ये देख सकती हैं
भ्रष्टाचार
और अभावों से
रिसते हुए संसार को
इनसे
किसी अंधे की दुनिया
रोशन हो सकती है
किसी का संसार
सुखी बन सकता है
खैर, छोड़ो
इन्हें देखो
हाँ, ये मेरे केश हैं
कभी ये
घटाओं की तरह
छा जाया करते थे
मन - मयूर
झूम जाता था
और अरमान
जाग जाया करते थे
लेकिन
अब ये लंबे काले केश
सूखे हैं

बिल्कुल रूखे

इनमें

न तेल है

न चिकनाई

इन केशों में कैद है

आज की महंगाई

पसंद आये तुम्हें ?

इन्होंने

हर मौसम झेला है

ये बड़े सहनशील हैं

तभी तो

अब तक नहीं झड़े

बड़े काम के हैं ये

अब ऐसे घने बाल

कहाँ मिलते हैं ?

फैशन ने उन्हें

काट जो डाला है ।

लेकिन ये

अब भी

किसी रूपगर्विता की

लाज का

श्रृंगार कर सकते हैं

किसी द्रौपदी की

अस्मिता के

रक्षक

बन सकते हैं ।

खरीदोगे इन्हे ?

अरे हाँ

आपको क्या चाहिए ?

बहुत देर से

देख रहे हैं

मेरे होठों को

पसंद आये क्या ?

खरीदेंगे ये होंठ ?

इनमें

कई सिसकियाँ

क़ैद हैं

बीते दिनों का

दर्द भरा इतिहास

रुदन में लिपटा

पीड़ा का हास

दीर्घ निश्वास

आहमय उच्छवास

सब कुछ

इनकी ही धरोहर है
अधर जो ठहरे ।
ये मौन मुखर
खामोश अधर
इनकी
रंगत पर
न जाइए
पपड़ा कर ये
सांवले
भले ही हो गये हैं
लेकिन
इनकी कहानी
जनता की कहानी है
जनता की जबानी ।
ये आपको
ममता के बोल
सुनाएंगे
बहन का प्यार
मां का दुलार
और मैत्री का संदेश
सब कुछ
आप इनमें ही पाएंगे

मैं लाज हूँ
देश की लाज ।
मैं मिलावट
महंगाई
भ्रष्टाचार
और छलावे से
भरे हुए
विश्व में निर्दोष
शुद्ध
और सत्य हूँ
मैं तुम्हारी हूँ
तुम सब की ।
तुमने मुझे
प्रतिदिन
पाया है और
खोया भी है
मैं तुम्हारी
माँ हूँ
बहन, पत्नी और
पुत्री हूँ
मैं नारी हूँ
मात्र नारी ।

रुक क्यों गये ?

खामोश क्यों हो ?

आगे बढ़ो

मेरा मोल करो

लेकिन नहीं

तुम ऐसा

नहीं कर सकते ।

तुम अपनी

लाज की रक्षा

नहीं कर सकते

क्योंकि

तुम कायर हो

तुम नारी की

कीमत

नहीं लगा सकते

क्योंकि

तुम कंगाल हो

तुम्हारी जेबें खाली हैं

क्योंकि

तुम खाली हो ।

इतने क्रेताओं के बीच

मैं अकेली विक्रेता हूँ

फिर भी
काम नहीं होता
क्योंकि
यहाँ कुछ भी
नीलाम नहीं होता ।
यह जग झूठा है
स्वार्थी है
क्योंकि यह समग्र है
यहां सत्य की
पूछ नहीं
वह कड़वा जो होता है
यहां
ममता का
मूल्य नहीं
निर्मूल्य जो ठहरी ।
मेरे देशवासियों !
आंखें खोलो
झूठे सपनों को
तोड़ दो
अपनी इन
भटकावभरी राहों को
छोड़ दो

सीधी राह पकड़ो

सत्य और

ईमानदारी की राह

मेरे पास आओ

मैं तुम्हें प्यार दूंगी

तुम्हारी

इन उलझन भरी

ज़िन्दगियों को

अपने

ममता भरे हाथों से

सँवार दूंगी

मेरे पास आओ

मुझे पहचानो

मैं तुम्हारी माँ हूँ ।

दिग्भ्रान्त .... भ्रमित

यदि

हमारा जन्म

हुआ होता

कुछ दशकों पहले

अनाचारों में

पिसते हुए

तड़पते

सिसकते हुए

दासता के घाव

हमें दिखते रिसते हुए

बंधनों में

तड़प उठते प्राण

भुजाओं में

भर उठता आक्रोश

विद्रोह की

ज्वाला जलाते

ध्वंस का

आह्वान करते

और बंधन तोड़ने को

मुक्ति के लिए

करते अगणित आंदोलन

कई कई सत्याग्रह

तब हम

'हम' होते ।

हमारी समग्रता

हमारे अधिकार

स्वतंत्र होने का चाव

समग्रता का भाव

सब मिल कर

जन्म देते

एक नूतन क्रांति को

खूनी क्रांति को

जो बंधनों को काटती

नगरों को रौंद देती ।

फूँक डालती

कल कारखाने

लूट लेती

सरकारी खजाने

जला डालती नगर
और बस्तियां
रौंद डालती
अंग्रेजों के अरमान
खाक में मिला देती
उनकी मस्तियां
और फिर
हम स्वतंत्र हो जाते ।
हमारी मंजिल
हमें पुकारती
देश भक्ति
आह्वान करती
और तब
हम बढ़ कर
चूम लेते
अपनी मंजिल को ।
कैसा सुखद होता
वह सब ।
कितनी सोद्देश्यता होती
हमारे प्रयत्नों में
पर आज
आजाद होकर हमने

क्या पाया ?

हमें होना चाहिए गर्व

अभिमान से

हमारे वक्ष

विस्तृत हो उठने चाहिए

कि हम स्वतंत्र हैं

आजाद वसुधा

मुक्त आकाश

उन्मुक्त पवन के

मृदुल झकोरों ने

हमें सहलाया है

आजादी के दीवानों ने

अपने

सुहाने सपनों का संसार

हमें दिखाया है ।

हम शिक्षित हैं

निरक्षर भट्टाचार्य नहीं

हम प्रबुद्ध हैं

विचारक हैं

चिंतक और सुधारक हैं

किंतु हमारे पास

कार्य नहीं है ।

हमारी दिशाएं
चक्रवात में फंस कर
कहीं खो गयी हैं ।
हमारी मंजिल
छलावों के कारण
हमसे दूर हो गयी हैं ।
कुछ भूलें हैं
जो हमसे हो गयी हैं ।
हमारी शिक्षा
हमें बेकार बनाती है
हमें भटकन में डाल कर
उलझा कर
निराधार बनाती है ।
हम सब दिग्भ्रमित हैं
हम युवक हैं
पढ़ रहे थे
पढ़ चुके हैं
पड़ रहे हैं
किंतु कल क्या होगा ?
हम नहीं जानते
कि आने वाला कल
कैसा होगा

हम नहीं कह सकते

कि वह ऐसा होगा

क्योंकि

हम भ्रमित हैं

क्या पता कल हम

कोई अफ़सर बन जायें

क्या पता

किसी बस के

कंडक्टर बन जायें

या फिर

शायद हमें

मजदूरी भी न मिले

लाचारी

अवसाद

और मजबूरी ही मिले ।

जीने की चिंता

शायद

हमारी बौद्धिकता को

चूस जाये

समस्याओं के खंडहर

हमारी कब्र बन जायें

अभावों के पर्वत

हमारी हड्डियां पीस डालें

बढ़ती हुई कीमतें

हमें हवा निकले

बैलून सदृश

पिचका दें ।

क्या होगा कल ?

हम कल की

चिंता न कर के

वर्तमान में जियें

यह भी कहां संभव है

आने वाला कल भी

कभी वर्तमान होगा

क्योंकि

आज का वर्तमान

कल का 'शव' है ।

फिर हम क्यों न सोचें

हमारी घुटन

हमारे हृदय में ही

कैसे बंद रहे ?

हमारा आक्रोश

अप्रदर्शित रह कर

कैसे जिए ?

हमारी अनभिव्यक्ति

कुछ न कर पाने की विवशता

कुछ करने का

प्रोत्साहन देती है

नये आंदोलनों की प्रेरणा

नवता का आह्वान

जीने का

अधिकार पाने की जिद ।

हम जानते हैं

कि हमारे

आंदोलन गलत हैं

हमारे साधन गलत हैं

ये उपधान गलत हैं

मात्र प्रवंचना

जिनके द्वारा

हम स्वयं को

छलते हैं

करते हैं आत्मवंचना

लेकिन हमें कोई

राह भी तो नहीं दिखाता ।

लुटेरों के नगर में

कैद हैं

हम नन्हे कपोत

न कोई हमारा

मार्गदर्शक है

न रक्षक

हम असुरक्षित हैं

शायद

अव्यवस्थित भी

क्योंकि

हम अकेले हैं

दिग्भ्रान्त... भ्रमित... ।

श्रमिक वृन्द ! जागो

जागो
हे श्रमिक वृन्द !
जागो ।
आंखें मूंद कर
हाथ पसार कर
पुरानी परिपाटी का
अवलंबन करते हुए
अधिकारों की
भीख
मत मांगो
श्रमिक वृंद ! जागो ।

हड़ताल
और ताले बंदी
उद्योगों की
तेजी मंदी

गुटबाजी और
दल बंदी
इन में मत लिपटो
इनसे
मत चिपटो
ये राहे हैं
बड़ी ही गंदी
हिंसा की राहें
अकर्मण्यता की बाहें
शिथिल करो
इनके बंधन को
राजनीति
कूटनीति
तुम्हें सरोकार नहीं
उद्योग तुम्हारा है
उत्पादन बढ़ाओ
धंधे से
क्या तुम्हें प्यार नहीं ?
आलस छोड़ो
श्रम करो
फिजूलखर्ची
कम करो

अभाव हैं
गम करो
आँखें
मत नम करो
जड़ता
निराशा से
दूर-दूर भागो
श्रमिक वृन्द ! जागो ।

अधिकाधिक उत्पादन
सुविधा का संपादन
स्वर्णिम आगत का
अद्वितीय साधन ।
हिंसा
तोड़फोड़
विद्रोह के अनुयायी
गलत राहों पर
चलाने वाले
श्रम से हटाने वाले
कितने भी शतपायी
सभी हों धराशायी ।

उत्कर्ष के शिखर तक

देश को बढ़ाओ

ऐसा कुछ योजन हो

भूखों को भोजन हो

अवशों की लाज ढको

रुको नहीं

आगे आओ

फूँक दो चेतना के स्वर

गूंज उठे घर घर

जन जन के मन में

तुम त्याग भाव पागो

अनुराग भाव पागो

जागो हे श्रमिक वृंद !

जागो ।

जी चाहता है

श्यामांचल

निशा के

आँगन में

अलकों के

साये में

रख कर

तुम्हारी मूर्ति

जी चाहता है

मीठी नज़रों के

वार

कर दूँ तुम्हारे

जिगर के पार

पुतलियों की

कालकोठरी में

तुम्हें

कैद कर के

बोझिल
भावनाओं की
स्वप्निल
हथकड़ियों से
बांध लूँ तुम्हें
अरमानों की
बेड़ियाँ डाल
अचल कर दूँ।

याद

बरसों बाद

मिले जब हम तुम

पूछा बड़ी आस से

तुमने

गये दिनों में

कहो कभी क्या

तुमको

याद हमारी आयी ?

मैंने कहा - नहीं

कह बैठे

तुम मुझको

निष्ठुर

हरजाई

किंतु तुम्हें

कैसे समझाऊँ

याद करूँ

हो जिसे भुलाया

हर पल बसा रहा

जो मन में

कैसे उसको

याद करूँ मैं ?

जागने का मौका

दुनिया

एक रंगमंच है

और हम सब

अभिनेता

किंतु

हमें भटकाने को

जन्मे हैं

कितने सारे नेता

हमसे छिन जाती हैं

हमारी राहें

क्योंकि

हम विवश हैं

मन में ही

दबा लेने के लिए

अपनी आहें ।

नेताओं के आश्वासन

बातों के सम्मोहन

बुने गए वाग्जाल

सब झूठ है

धोखा है

दोस्तों !

जागने का

यह अच्छा मौका है

आओ

हम इन्हें बता दें

कि हम में

एकता है

समता है

हम आजाद देश की

आजाद जनता हैं ।

तीन बन्दर

बापू के तीन बंदर
आज भी
मुंह कान
और आँखों को
बंद किये
खामोश बैठे हैं ।

एक ने
अपनी आंखें
बंद कर रखी हैं
जिससे
समाज में
प्रतिपल होते
अत्याचार
और अनाचार की
घटनाओं को न देखें ।

देखने पर
प्रतिकार की इच्छा
जागृत होने लगती है ।

दूसरे ने
अपने कान
बंद कर रखे हैं
जिससे
आर्तजनों
पीड़ितों
तथा दलितों की
पुकार
कानों की राह
अंतर्मन तक
पहुंच कर
सोयी हुई
मानवता को
जागृत न कर सके ।

तीसरे ने
अपना मुंह
बंद कर रखा है
क्योंकि
समाज के
सरमायेदारों द्वारा
की जा रही
अनीतियों तथा
भ्रष्टाचारियों के
खिलाफ़ बोल कर
अपनी दुर्गत
नहीं कराना चाहता ।
शक्ति तथा प्रभाव के
ठेकेदारों का
विरोध करके
अपने भविष्य को
दांव पर लगाना
नहीं चाहता ।
आज गांधी जी
हमारे बीच नहीं हैं
तो क्या हुआ ?
उनके तीनों बंदर

आज भी
उनके बताये
आदर्शों पर
चल रहे हैं
उनकी शिक्षाओं पर
अमल कर रहे हैं
किंतु
अपने ढंग से ।

हम और तुम

सुना है

हम आत्मा हैं

और तुम

परमात्मा हो

फिर कहो

क्यों दूर हैं हम ?

जिंदगी के

किस नशे में

चूर है हम ?

तुम परम हो

परम पावन

किंतु क्यों हम

पाप मय हैं ?

क्यों अमर हो

अजर हो तुम ?

प्राण अपने

शापमय हैं ?

खैर

जो भी हो

महान

सुपूज्य हो तुम

और हम

तुम्हारे चरण की

धूल भर हैं ।

तुम सुरभि हो

और हम

सूखे

दलित से

फूल भर हैं ।

तुम रूठे

सुनो

क्या नाराज हो तुम ?

स्वत्व की

उंगली छुए

फिर भी

न फूटे स्वर

अनोखा साज हो तुम

किस लिए है

रोषमय यह मौन

किससे रुष्ट हो तुम ?

क्या स्वयं से

रूठ कर

संतुष्ट हो तुम ?

बरस बीते

तोड़ कर

'मैं' 'तुम' की परिधि

हम 'हम' बने थे
जन्म बीता
स्वत्व की
दीवार पर जब
स्नेह के
सुंदर चंदोवे
मृदु हंसी की
चांदनी से नम
तने थे
अब कहां गये
वे दिन ?
तुम रूठे
जिंदगी रूठ गयी ।

गिट्टियों की वेदना

प्रतिदिन

आँखें खोलते ही

मैंने देखा है

सड़क की गिट्टियों

और कोलतार के

जमाव पर

घूमते हुए रोलरों को

वे रोलर

जो गिट्टियों को

असंख्य होने पर भी

बेझिझक

निस्पृह निर्दयता से

पीस डालते हैं

कोलतार के रूप में

बह उठता है खून

और

दफ़न हो जाती हैं

उनकी चीखें

बन जाती है

उनकी कब्रगाहें

फिर उन कब्रों पर

सड़कें

बनायी जाती हैं

जिससे

बड़े लोग

सुविधा से दौड़ा सकें

अपनी मोटरें

कारें और ट्राम गाड़ियां ।

कौन देखता है

उन गिट्टियों के आँसू ?

कौन आहें भरता है

उनका बहता हुआ

खून देख कर ?

शायद कोई नहीं

या फिर शायद

सिर्फ मेरे जैसे

कुछ दीवाने

बेबस लोग

जो उंगलियों में

शामिल हैं

जो देख सकते हैं

कराह सकते हैं

चीख सकते हैं

परंतु उनकी

यह छटपटाहट

उनकी आहें

निरर्थक हैं

क्योंकि

वे अकेले हैं

बिखरे हुए

असहाय, अवश हैं

लेकिन

कब तक

वे अवश रहेंगे ?

यह लाखों की तादाद

क्या कभी

एक नहीं होगी ?

यह बिखराव

क्या कभी नहीं

टूटेगा ?

क्या

गिनती के

कुछ रोलर

लाखों करोड़ों की

संख्या वाली

गिट्टियों को

हमेशा ऐसे ही

कुचलते रहेंगे ?

और हम

ऐसे ही

अवश बने

बस उन्हें

देखते रहेंगे ???

सच्ची पुष्पांजलि

आने वाला गणतंत्र
हमें याद दिलाता है
बीते हुए
इतिहास की
अनुपम शौर्य
और प्रशंसनीय
आत्मविश्वास की ।
इस में छिपी हुई हैं
स्मृतियां
हमारे संविधान की
देश के सम्मान
और जातिगत
आन की
चौंका देती हैं हमें
आस्थाएं
इस परिवर्तनशील

युग में
जीवन के
नित्य प्रति बदलते हुए
प्रतिमान की ।
पुरानी स्मृतियों के
सहारे
कब तक हम
जीते रहेंगे ?
घुट घुट कर
इस तरह
जिंदगी के इस
दुर्निवार विष को
शिव शंकर बन कर
कब तक
पीते रहेंगे ?
अगणित समस्याएं
आत्मा के कोने से
उभरती
असीम कुंठाएँ
बन गई हैं
हमारी पथ बाधाएं ।
हमें रचना है

नया इतिहास
जागृत करना है
सोया हुआ
आत्मविश्वास
और इसके लिए
हमें पथ की
हर बाधा को
ठोकर मारनी होगी
कुंठाओं से
मुक्ति पानी होगी
अपने ही मन के
इर्द गिर्द बैठे
रूढ़ रीतियों के
घेरों को तोड़ कर
सड़ी हुई
आस्थाओं को
देनी होगी तिलांजलि
तभी हम
अर्पित कर सकेंगे
गणतंत्र के
इस
शुभ अवसर पर

भारत माँ के चरणों में

सच्ची पुष्पांजलि।

भारत माँ के चरणों में

सच्ची पुष्पांजलि।

वह अतीत

कैसे

भूला जा सकता है

उस अतीत को

जिस में कभी

बने हमराही

'दो अनजाने'

अनजाने ही ।

साथ भले ही

कुछ कदमों का था

पर उन

कुछ कदमों में ही

हमने

कितनी दूरियां त

य कर डालीं ।

दो पल को ही

नयन मिले

पर दो पल में ही

अनियारी आँखों में

कितने स्वप्न

सजा डाले ।

रहे कांपते रहे अधर

नहीं कह सके

कुछ भी

बिना कहे ही पर

अधरों ने

कितनी

अनकही बातें

कह डालीं ।

कैसे

भूला जा सकता है

उस अतीत को

जिसमें

कभी तुम हुए

शामिल

शीश महल से

शीश उठाये

जिसके सपने

झांका करते

समय के मेघ खंडों से

अब भी

और अजाने संकेतों से

जब तब

हमें बुलाया करते

जिसके

शुभ्र शिखर पर

अटकी आँखें

हटना नहीं चाहतीं

मेघ

कहीं भी उमड़ें

ये नम हो जाती हैं

मन की पीड़ा

कभी नहीं

कम हो पाती है ।

कैसे तुम्हें बताएं

पतझर या बहार में

तपते रेगिस्तानों में

खेतों में

बागों में

सुख की शैया पर

दुख के

निर्मम कांटों पर

सतत तलाशा जिसे

न उस निर्दय को पाया ।

एक मधुर

अनुभूति सदृश

वह रहता प्रतिपल

मन पर छाया ।

तुम्हीं कहो

संभव है कैसे

उसे भुलाना ?

वह अतीत

महकी साँसों की

खुशबू जैसा

वह अतीत है

सुखद भोर का

सुंदर सपना ।

वह अतीत

जैसे

नीली आंखों का

दरपन

उस अतीत में

छिपा हुआ

कितना अपनापन ।

वह अतीत

है मन की मीठी

धड़कन जैसा

वह अतीत

प्यासे मरुस्थल में

सावन जैसा ।

वह अतीत

है मधुर कल्पना

मदिर छुअन की ।

वह अतीत

अनुभूति सुखद

मीठी सिहरन सी ।

तुम बेबस थे

कैसे रहते

साथ हमारे ??

रहता पर

एहसास तुम्हारा

साथ हमारे ।

इसे भूल कर जीना

मुश्किल हो जाएगा

विष जीवन का

पीना
मुश्किल हो जाएगा
बिना तुम्हारे
जिया किए हैं
बरसों जैसे
ऐसे ही अब
बाकी जीवन भी
जी लेंगे ।
'छोड़ अतीत रहो प्रस्तुत'
अब फिर
मत कहना ।

बंद कर दीप
प्रकाशित करता
राह हमारी
जिसकी
निर्मल ज्योति
सहारा बन जाती है
जब जब पग-बाधाएं
ठोकर देकर
हैं घायल कर देती

वह

प्रकाश का पुंज

वही

मेरा ध्रुव - तारा

उस मधुमय

अतीत पर अर्पित

जीवन सारा ।

तुम कहाँ हो राजीव

दूर क्षितिज के

तट से उठी

एक और आँधी

जो अपने साथ

भारत की गोद से

समेट ले गई

एक और गाँधी ।

वह गाँधी

जिसे

आकाश की

ऊंचाइयों से भी

अधिक प्रिय थी

अपनी मिटटी की

सोंधी गंध ।

जिसकी आंखों में था

मुक्ताकाश

जो अपनी बाहें

फैला कर

समेट लेना

चाहता था

अनंत ऊंचाइयों को ।

संभावनाओं के

उस युवा तरु को

उखाड़ फेंका

झंझावातों ने

रक्त का बढ़ता सैलाब

बहा ले गया

उस जगमगाते हुए

दीप को ।

एक सितारा

आकाश से टूट कर

अनंत में

विलीन हो गया ।

सिर धुनती

पूछ रही है वसुंधरा -

"तुम कहाँ हो राजीव ?"

पति

देखे हैं

कुछ पति

समस्याओं की

चक्की में

पिसते हुए

बीवी की

जी हुजूरी में

नौकर से

सिसकते हुए ।

दफ्तर में

उनको तड़पाती है

सरकार

और घर में

सुननी पड़ती है

श्रीमती जी की फटकार ।

कुछ को सजाते हुए

देखा है गुलाब को
अपनी देवी जी के
सँवारे हुए
जूड़े में
कुछ की मोहब्बत
डूब जाती है
जिम्मेदारी के कूड़े में ।
कुछ को सहलाते देखा
प्रियतमा के
तलवों को
सेवा टहल में
बिता देते हैं
हजारों क्षण
पलों के ढेर के ढेर
और घंटों की सौगात
करते हैं उनकी मनुहार ।
कोई दिखता है
कोल्हू के बैल सदृश
उत्तरदायित्वों की
जंजीरों में
जकड़ा हुआ
तो कोई बिंध जाता है

दिन-रात छूट रहे
असंतुष्ट पत्नी के
व्यंग वाक्य-तीरों से ।
कहीं
कोई आजिज है
पत्नी की अजीजी से
कोई तरसता है
चंद प्यार भरे बोलो को
कोई होता है
जी जान से निछावर
तो कोई कोसता है
मुंडे सिर पर पड़े
ओलों को ।
उत्तरदायित्व के
निभाव में
दफ़न करके
उमंगों की डोली
अरमानों के सपने
अधूरी अभिलाषाएं
यंत्रवत जीने वाला
कहीं पति कहलाता है
तो नशे में चूर

मदहोश होकर

मैखाने से घर आकर

पत्नी पर कोई

जूते बरसाता है

यह भी पति है

और वह भी ।

पत्नी का क्रीत दास भी

पति ही कहलाता है

और उस पर

शासन करने वाला

धौंस जमाने वाला

और जूते बरसाने वाला भी

पति नामधारी है

उसे भी समाज

'पति' की ही

संज्ञा देता है

जो उत्तरदायित्व

और कर्तव्यों की

दहकती भट्टी में

अपना आपा भी

जला देता है

परवानों सा

फिर मैं

किसे पति समझूँ ?

इससे तो बस

जीवन में

यही लक्षित है

कि समाज में

पति 'अविविक्षित' है ।

याद आती है कभी क्या

बन गये
क्योंकर विदेशी
प्राण मेरे ?
तुम गये परदेस हो
क्यों कलपना ले
साथ मेरी
दे नहीं सकते थे
तुम यदि
आसरा तो
क्यों उम्मीद थी
जगायी ?
जा बसे हो दूर
पर क्या
जान यह पाते नहीं हो
इन व्यथा के
आँसुओं को

जो

तड़प लेकर हृदय की

हैं सदा

यूं ही ढलकते

और हूँ मैं

इस अंधेरी रात में

कोसती

दुर्भाग्य अपना

और तेरी याद में

बस हूँ तड़पती ।

कहो तो

उन मचलती

निशा की

रंगीनियों में

याद

आती है कभी क्या

इस अभागी

दुक्खिनी की ??

अतिशय नमन

कितनी ही स्मृतियाँ

उपलब्धियों के ढेर

विस्मृतियों के दौर

अतीत की

कटु यादों से

आप्यायित गुलाब में

हँसता हुआ

गौरवान्वित

उन्नत मस्तक

देखा 'आनंद भवन'.

नेहरू की याद लिए

हँसते हुए गुलाब

कक्षों में रची बसी

असंख्य स्मृतियां

बेहिसाब ।

उनकी अमरता

गुरुता

और गरिमा का

कहीं नहीं है जवाब ।

पल भर के विचरण में

बीत गये कई सत्र

दृष्टि - पथ में आ धंसा

एक नन्हा सा

प्रतिज्ञा पत्र -

"मैं वादा करती हूँ

कि अपने

माता-पिता की

आज्ञा का

हमेशा पालन करूंगी

और

उन्हें अपने

अच्छे कामों से

हमेशा

खुश रखने का

प्रयत्न करूंगी ।"

टेढ़े मेढ़े

हाथों से लिखे गये

अक्षरों में

कैद था
एक गरिमामय
व्यक्तित्व
आज वही
नन्ही गुड़िया है
देश की सूत्रधार
जो जनता के
दुख सुख से
करती है
मातृवत प्यार
उसकी
उस भावना को
बचपन की
कामना को
देश-प्रेम
त्याग को
स्वार्थोत्सर्गता को
प्रियदर्शिनी
दूरदर्शिनी नारी की
अनुपम महत्ता को
अतिशय नमन
फूलों में

विहँस रहा

देखो

'आनंद भवन' ।

प्रतीक्षा

लेती है

अंगड़ाई

उर की

अंगनाई में

यही एक इच्छा

नैनों में बसी रहे

जीवन भर

मात्र

तेरी ही प्रतीक्षा।

कौन कहेगा

किससे

सूने मन के

सपने

कैसे देखेंगे हम

गैर हो गये अपने

हूक सी

हृदय में है
होठों पर है पुकार -
आ भी जा एक बार ।।

आज
नव वर्ष की
बधाइयां सहेजूँ मैं
या कि
प्रियतम के हित
स्नेह अश्रु भेजूँ मैं ?
बह बह कर
पूछ रही
आंखों की
अश्रु - धार ।
जाने कब आएगी
इस उपवन में
बहार
व्यथित हृदय
तड़प तड़प उठता है
बार बार
प्रिय ! तेरा इंतजार

आ भी जा

एक बार !!!

काश...

काश !
कभी ऐसा हो पाता ...

जीवन के
विषम पंथ पर
थक कर
चिंताओं से त्रस्त
ग्रस्त
अगणित तनाव से
ढूंढ रहा होता
मन
कोई शीतल छाया
पाकर कहीं
अचानक थोड़ा सा
अपनापन
पलक मूंदती तो

बसंत की पवन-उँगलियाँ

हौले से छू देतीं

आँखों का अवगुंठन

एक अछूता

सुखद सुहाना सपना कोई

चुपके से

पलकों के घर में

बस जाता ।

काश !

कभी ऐसा हो पाता ....

रेतीली पगडंडी पर

पाँवों के छाले

तपती धूप

सुलगते झोंके

झंझाओं के

मन के भीतर चलते

उद्वेगों के अंधड़

कर देते

जब कभी

दर्द के हवाले हमें

कसक रहे
अंतर्मन के घावों पर
कोई रख देता
शीतल ममतामय
सुरभित फाहा ।
धीरे से
दुखते तन मन को
सहला जाता ।
काश !
कभी ऐसा हो पाता ......

उत्तरदायित्वों को
ढोते चलते
जीवन की
लंबी राहों पर
कभी श्रान्त हो
क्लांत हृदय जब
आतपत्र के लिये
विकल हो
किसी
घने तरु की छाया में

पल भर का
विश्राम ढूंढता
नयनों से छू
युगल चरण
सहला देती
बस एक
प्रेम की दृष्टि
समर्पित
जीवन सारा
पल में सारा
श्रम मिट जाता ।
काश !
कभी ऐसा हो पाता .....

संघर्षों से घबरा कर
आकुल व्याकुल मन
छटपट करता
अंतर ले
जब नयन मूंदती
उसमें छिपी हुई
पारस-छवि

सम्मुख होती ।
स्वप्न कभी
प्रत्यक्ष सत्य बन
मन प्राणों को
सुख दे जाता है ।
काश !
कभी ऐसा हो पाता ...

काश !
कभी आता फागुन
मेरे भी आँगन
आ जाता
करने को
थोड़ी सी पहुनाई ।
काश !
कभी झोंका
बहार का
एहसासों में
भर जाता
सरसों की
थोड़ी सी पियराई

अंजुरी भर सुगंध
बिखरा जाता
दामन पर
चुटकी भर टेसू
इन अधरों को दे जाता ।
काश !
कभी ऐसा हो पाता ....

काश !
कभी तुम मेरे होते ।
जितने स्वप्न
उगा करते हैं
इंद्रधनुष से
नयन-गगन में
इनमें
सतरंगी भावों के
तुम ही मात्र
चितेरे होते ।

काश !

कभी

प्यासे तन मन की

तृप्ति हेतु बन

बूंद स्वाति की

तृषित पपीहे की

इस अमिट

प्यास-हित

चटक उठे अधरों पर

बन जाते

संतुष्टि-मेघ तुम

मिटती युग की प्यास

प्राण-पंछी हरषाता ।

काश !

कभी ऐसा हो पाता ....

आँखें

नीले आकाश में

टँगी हुई उम्र

देख रही थी

धरती के

विस्तार को

इंसानों को

और देशों के

बढ़ते हुए कद को ।

इंसान की

आकाश छूने की

तमन्ना

धूल में मिल गयी

उठी

ऐसी भयंकर आँधी

जो उड़ा ले गयी

अपने साथ

वर्ल्ड ट्रेड सेंटर की

मीनारों को

टँगी हुई

उम्र की आँखें

देखती रहीं

देखती ही रहीं ।

चलते रहो

मेरे घर तक की

यात्रा

बहुत आसान है

वह दूर

जो उजड़ी हुई

बस्ती है

उसी के

दक्षिणी किनारे पर

एक खंडहर है

वही मेरा घर है ।

उसके पीछे

बहुत दूर तक

जंगल है

हैवानों की बस्ती है

वहां

इंसान की जिंदगी

बहुत सस्ती है
जंगल के किनारे
एक झरना है
वहीं से हमें
पानी भरना है
पेड़ों पर लगे
कुछ पत्ते
कुछ फल हैं
अब
हमारे जीने का
मात्र वही संबल हैं ।
जंगल के बीच से
एक दरिया बहता है
उसके किनारे
टूटी हुई झोपड़ी में
एक आदमी रहता है ।
उससे
जो भी मिलता है
वह एक ही बात
कहता है -
'आओ,
एक दिन सबको

यहीं आना है ।
यह
नदी का
किनारा नहीं
सबकी जिंदगी का
आखिरी ठिकाना है ।
सुनो,
अब तो हमें
चलते चलते
बहुत देर हो गयी
पैरों में लगे कांटे
टूट कर झड़ गये
अब तो
फटे घावों से
खून भी नहीं रिसता
बंजर धरती
हरियाली को
खा गयी
रास्ते
हिम्मत और उम्मीदें
दोनों निगल गये ।
अब तो रुक जाओ

थोड़ा सा
सुस्ता लें
अपने ही हाथों से
अपने दुखते पांव
दबा लें ।

नहीं
अभी रुकना
नहीं है ।
दूर जंगल के बीच
जो दरिया बहता है
हमें वही जाना है
क्योंकि
वही है हमारी
मंजिल
वही हमारा
आखिरी ठिकाना है
जब तक
वह न आये
बंजर धरती को
मत देखो

पैरों के घावों का

हिसाब

मत करो

टूटे हुए कांटों को

मत गिनो

लड़खड़ाओ मत

हिम्मत मत टूटने दो

मत एहसास करो

दर्द का

थकन का

रुको मत

चलते रहो !

चलते रहो !!

चलते रहो !!!

दाह (ईराक़ के संदर्भ में)

दाह

बाहर भी है

और अंदर भी ।

लपटों का बाजार

गर्म है

चल रहा है

मौत का व्यापार

लगातार ।

एक बार फिर

मर रहा है हमीद

सिसक रही है

आयशा

और

कितने ही

अजन्मे बच्चे

मां के पेट में ही

मर जाने के लिए
हो गए हैं मजबूर ।
कुंए जिंदगी के बदले
उगल रहे हैं
अग्नि-शिखाएं
इमारतें
असमय ही
हो रही हैं ध्वस्त ।
आततायी
फिर भी हैं
मृत्यु - पर्व के
आनंद में
मस्त ।
खेल हो गया है
किसी का जीवन
मिटा देना ।
इराक की रेत
हो रही है लाल
खून की धाराओं से
डूबते हुए
सूर्य की रश्मियों से
सुनते हैं

सभ्य समाज का
शिष्टाचार है यह
कि
दूसरों के व्यक्तिगत
मामलों में
नहीं अड़ानी चाहिए
अपनी टांग

परंतु
अति सभ्य
कहा जाने वाला समाज
बदल देता है
शिक्षा के मापदंड
अपनी इच्छानुसार
जैसी होती है
उसके हितों की मांग ।
चमका देता है
अपने तीखे दांत
चबा जाता है
दूसरों के सुख
खा जाता है
दूसरों के
अरमानों के निवाले

करता है
विनाश - तांडव
होता है
महाविनाश
और हम
बन कर ठूंठ
देखते रहते हैं
यह सब होते हुए ।
उछालते रहते हैं
मुट्ठियाँ
लगाते रहते हैं नारे
जलाते रहते हैं
पुतले
और पीते रहते हैं
बेबसी के घूंट
बस
यही है
हमारी सामर्थ्य ।

नव वर्ष की बधाई

सब को

नववर्ष की

बधाई ।

सफल बनो

सतत बढ़ो

जीवन के पथ पर

रुकना नहीं

किसी बड़ी

बढ़ से

डर कर

साहस हो साथ

सदैव ।

आशीष की बदली

मानस में

घिर आयी ।

सोचो तो

है क्या यह बात

बस जरा सी

एक वर्ष विदा हुआ

नया वर्ष आया

अनगिन

।खुशियों की

उम्मीद है

साथ लाया

यही

शुभकामना है

आज

पास मेरे

बेशुमार

खुशियाँ ले

जीवन के फेरे ।

आकांक्षाओं की दुलहन

तिमिराच्छन्न अतीत

और भविष्य की

अज्ञात

अदेखी

उलझन भरी

रेखाओं के बीच

वर्तमान का अस्तित्व

पिसता जा रहा है

संदेहों के बिच्छू

डंक मारने लगे हैं ।

आशंकाओं के

कुटिल नाग

जीभ लपलपाते हुए

फुफकार रहे हैं

और

अरमानों की

कामनाओं की

उमंगों की

चिताओं में

लगी हुई आग

क्षण प्रतिक्षण

बढ़ती ही जा रही है ।

लपटें

तेज हो रही हैं ।

तेज

और तेज

और उनमें

जल रही है

आकांक्षाओं की

दुलहन ।

हर दहकता हुआ शोला

उसके रूप को

मिटाता

जा रहा है

मिटाता जा रहा है ।

काश ! अगर ऐसा हो जाये

देख रही हूँ मैं

अपने

आँचल के सुमन

और कुछ

बिखरे मोती

फूल वही हैं

जिनको मैं खुद

अपने उपवन से

लायी हूँ चुन कर

मोती भी हैं वही

नयनों से जो ढल कर

बिखरे हैं ऐसे ।

पंखुड़ियों पर

टपके आँसू

क्या नीहार

नहीं बन सकते ?

बिखर चुकी हैं

ये पंखुड़ियाँ

सुमनों से हैं

अलग हो चुकी

क्या फिर

इन्हें जोड़ कर

हम नया

सुघर प्रसून

नहीं सृज सकते ?

टूटा सुमन

अगर जुड़ जाये

या आँसू

आँखें ही पी लें

लहरें मिल कर

पट बुन दें

या तारे आकर

धरती पर जी लें

तो क्या हो ?

बतला दूँ तुमको ?

अभिशापों की

डोली चढ़ कर

पीड़ा की दुल्हन

घूंघट खींचे
अपने
मानव बाबुल के
घर से
विदा
सहजता से
हो जाये
और हर मन
निर्भय हो मुस्काये
काश !
अगर ऐसा हो जाये ...

याद बस आता रहा

कैसी हैं घिरी घिरी

ये अँधियारी रातें

पलक नहीं लगती

पर पल भर को भी

सपनों में

जगी रहीं

निंदियारी आँखें

याद रहा आता

बस स्वप्न

एक दिवास्वप्न

धरती पर दूर तक

बिछी हुई हरी घास

सिर पर नीला अंबर

मस्तक के पास

झुका हुआ

एक अमलतास।

हुईं अनगिनत बातें
घटना बन बन बैठी
घातें
वे प्रतिघातें
कहीं थी
विकलता में
हुई अशिष्टता
भावों के बीच कहीं
सहृदयता के अंदर
अनचाहे
अनजाने
छिपी रही कैसे तो
परित्यक्ता
क्लिष्टता....

पुल पर से देखा था
सरिता के जल का
वह निर्मल विस्तार
पता नहीं
तुम कहां थे तब
शायद खोये थे

स्वयं के ही
सुविचारों में ।
नन्ही सी नौका
थी डोल रही
लहरों पर
निर्भर सा माझी
खोया था
सुख निद्रा में
किंतु कहो
बन जाती
आँधी यदि मंद हवा
नौका बनी उर्वशी का
खो जाता पुरुरवा ?
छोड़ देता विवशा को
अंधड़ की दया हेतु
नियति-लेख के पीछे
भाग्य के भरोसे हो
छोड़ता क्या पतवार ?
फिर भी
तुम कहते -
'कैसा महान पुरुष'
पुरुष क्या नहीं है

पर्याय शक्ति का ?

संकल्पों में क्या नहीं है

दृढ़ भाव ?

और

यदि ऐसा ही है तो

कही हुई बातें

मात्र शब्द-जाल

उलझ मरेगा

उनमें ही

भावुक मन

कौन पूछ पाएगा

फिर

उसकी पीड़ा को ?

कौन सहेजेगा

उस बिखरते

भरोसे को ?

कौन कह पाएगा फिर

भाव-प्रवण बाला से -

'प्रिय ! तुम मेरी हो

मेरी मधु-भावना की

प्रेरणा बनी हो तुम

जीवन की साधना में

तुम ही चितेरी हो
शायद दुः स्वप्न है यह
सोच कर व्यर्थ ही इसे
क्यों दुखाएं मन को ?
किंतु
भूल जाना भी
सुखद नहीं होता
कैसे भुलाएंगे
मन के आराधन को ?
नन्हा सा चिन्ह
स्मृति चिन्ह
क्या सहेजोगे ?
याद रख पाओगे
प्रेम की पुजारिन को
पत्थर से मानव को
भाव-सुमन अर्पित कर
बदले में
चाहती रही है जो
अमित प्यार
कैसी विडंबना है ?
आह, यही सत्य है
वाह्य मात्र आकर्षक

सुंदर हो तभी..

अन्यथा हृदय को टटोले

ऐसा सहृदय

कहां, किस ओर

भला कैसे

मिल पाएगा ?

किसे अवकाश है कि

देखे जो भावों को ?

धन से

तन - सुख से ही

जीवन को मापना ।

सुविधाओं में ही

सीमित

सुख की है कल्पना

किंतु

तुम क्या जानो

केवल धन का वैभव

ग्राह्य नहीं होता है

मन ने

यदि भावों में डूब

किसी को चाहा

तो मन का ही

मीत मात्र

होता सुखदायी है ।

कैसे सहृदय हो तुम ?

औरों के भावों को

समझ ही नहीं पाते

या फिर

नासमझी का

ढोंग किया करते हो ।

कैसे समझोगे तुम

मात्र एक निर्णय पर

अवलंबित

पूरा भविष्य

किसी का होगा ।

याद हो तुम्हें कि न हो

अर्थी के साथ साथ

बजी थी

वह शहनाई

जीवन और मृत्यु बीच

थोड़ी सी दूरी है

तुम को क्या समझाऊं

तुम को समझाएगा

मात्र तुम्हारा ही मन ।

मैं तो हूँ दूर
भला तुमको क्या पाऊँगी
अपने ही भावों में
प्रतिध्वनि मेरे स्वर की
ढूंढना
मिलेगीं वहीं
चाहें हृदय की मेरे
फिर भी यदि
धृष्ट हूँ
अशिष्ट हूँ तुम्हारे प्रति
जान कर निकृष्ट
तुम ही क्षमा करो
कैसे कहूँ तुमसे
तोड़ो दुनिया के बंधन
संभव हो तो
मेरे ही मन में
रमा करो ।
गई नींद रूठ कर
हमारी है
तुम्हारे पास
दया करो
पल भर को

उसको ही भेज दो ।

दे न सकोगे

प्यार का प्रतिदान

निश्चय ही

तो फिर

सपनों में ही

यह विधि सहेज दो

किया जो विचार हो

संदेश

भेज ही देना

बदले में

स्नेह के हजार नमन

स्वीकारो ...

सच

हम हैं हार चुके

विजय हो तुम्हारी ही

भला कहेंगे कैसे

तुम अपना मन वारो ?

सत्य ही बनेगा

अभिशाप किसी का

अब तो ।

नियति यही मेरी है

ऐसा ही लगता है
जाने बिना
मन को तुम्हारे
हम क्या बोलें
अपना ही स्नेह-भाव
अपने को ठगता है
बस यही
विवशता है ।

क्या पाया

कैसे

मन की बातें

कह दूँ

आज किसी से ?

कैसे कह दूँ

प्रिय की

मदभीनी आँखों में

मैंने क्या खोया

और

उनसे क्या पाया है ।

दुनिया निष्ठुर है

पत्थर है

तुम भी तो

इस दुनिया की ही

एक इकाई हो

फिर बोलो

भावों की

 इस मधुरिम घाटी की

मधुर कली को

कैसे तुम

पहचान सकोगे ?

कैसे जान सकोगे तुम

प्यासी धरती ने

क्या अपना खोया

मेघों से क्या पाया है ।

झील सी गहरी

स्वप्निल

आलस्य भरी सी

मौन नशीली आंखों में

मैंने जग की

पीड़ा पाई है

सुख अपने मन का

ढूंढा है

जीवन की

क्रीड़ा पाई है

दीनों का क्रंदन

सुखियों का सुख

आँसू के उजले मोती

सच कह दूँ

उन आँखों में

मैंने उलझी सुलझी

दुनिया पायी है

सपनों

और विचारों की

लाखों कड़ियां

जुड़ कर बिखरी हैं

अगणित

स्वप्न पले हैं

उन सुरभित पाँखों में

और

सच तो यह है कि

जीवन के

सुख दुख का संगम

उन आँखों में

लहराया है

मैंने उनमें

सब पाया है ।

कृषक

उपल वृष्टि से

आहत पौधे

सोये हुए खेत

आहत कृषक

और भूखी आँखें ।

पेट में होती

अंतड़ियों की

कुलबुलाहट

सांवले गालों पर

सूखती

आंसुओं की धाराएं

खोया मन

और

डूबती हुई आशा ।

आगत की चिंता में

घुलता जाता है गात

तन को

कँपा देता है

ग्रीष्म का

उत्फुल्ल वात

कौन है यह ?

भारत का कृषक ।

माया श्मशान

वेदनाभरी राहों में

स्वप्निल उच्छवासों की

सीमा का संगुम्फन

वैभव का नर्तन

कंकालों का

भयानक

नट नृत्य

बाधाओं के जाल

सिमटती फैलती

सीमाओं के

बंधन

और उनमें दबी

सिसकती सी

रूढ़ियाँ

वाह रे जीवन ...

पथ भी कैसा यह ?

जटिल

अगम

भयंकर

विकराल

हिंस्र पशुओं के

ये संकुल

तमसावृत धूमिलता

वेदना की

चिनगारियां

क्रांति की

समवेष्टित परिणति

धधकती चिता

और उसमें से

निकलता हुआ

घना

गहरा काला धुआं

जो धीरे-धीरे

ऊपर

बढ़ता ही जा रहा है

ऊपर

और ऊपर

और ... और ऊपर ।

सच्चा सुख

साधक !

कौन सी

साधना में

खोये हो ऐसे

जैसे तुम्हारा

कुछ भी नहीं

या फिर

सब कुछ

तुम्हारा ही है ।

चाहे उपलवृष्टि हो

या ग्रीष्म का ताप

वायु के झँकोरे हों

या शीत का

भीषण प्रकोप

या फिर

बसंत की

मनहर बयार

लेकिन

तुम इन सब से परे

एक भाव से

एकांतिक

लीन हो

किसी साधना में

किसी को रिझाओगे ?

क्या मांगा तुमने

और किससे ?

साधक !

देखा नहीं तुमने

कितनी विपदाएं

तुम्हारी राहों से

गुजर गयीं

न जाने कितने

हिम खंडों ने

गला डाला

तुम्हारा गात

सुंदर स्वरूप

मिट्टी हो गया ।

एक ढेर बन गये तुम

मात्र कंकाल

फिर भी प्रसन्न हो ।

कैसी प्रसन्नता ?

कितना उल्लास ?

पागल !

क्या पाया

तुमने इससे ?

तन खोया

जीवन खोया

तब कहीं जाकर

'उस' का

आभास पाया

किंतु संसार को तो

ठुकरा दिया न !

सोचो तो

तुम्हें यहां

क्या कुछ न मिलता

औरों की

पीड़ा बांट कर

स्वयं को

सर्वांतिकता की

छाया बना कर

अपने

इस एकांत की

परिधि को तोड़ कर

क्या तुम 'स्व' को

पर में

प्रतिस्थापित

न कर पाते ?

क्या तब

तुम्हें वह सुख

न मिला होता

जिसका क्षीण सा

आभास - मात्र

मिल पाया है तुम्हें ?

मूढ़ !

संसार से

भागने वाले

पलायनवादी !

क्या ईश्वर

हिम कंदराओं में है ?

क्या पा सके हो

तुम उसे

स्वयं को

यों मिटा कर ?
सच कहूं -
ईश्वर
धर्म
जीवन का
साफल्य
और अगम
अज्ञात मोक्ष
पर-सेवा में ही है .
मेरी मानो
अपना लो जगत को
दुखियों का दुख
पीड़ितों के आँसू
और
चिंताग्रस्त की
चिंताएं ले लो
छीन लो यह सब उनसे
और बदले में
दे दो उन्मुक्त हास
मुस्कान दो
सूखे उदास अधरों को
उल्लास की

आभा भरो
अधजगी आँखों में
फिर देखना
कितनी शांति है
कितना सुख
शायद
तुम जान पाओगे
कि यही है
सच्चा सुख
ब्रह्मानंद
परमानंद
जिसके लिए तुम
भटकते रहे हो
वीरानों में ।

चन्द्रिका

गंगा के तीर पर

रेत की शैया पर

लेटी हुई

अलसाई चंद्रिका ।

कितनी मधुरता है

उसके सौंदर्य में

बिखर बिखर पड़ता है

उसका रूप

मुस्कान भरी है

उसके अधरों में

श्यामल घन की

वह केश-राशि

वे चुप चुप से अधर

वेणी में गुंथे हुए

जगमगाते सितारे

सपनों की

न जाने
किस रूपसी का
कर रहे अभिषेक सारे ।
स्वप्निल नयनों में
लहराता है
किसी आगत का
उन्माद
विगत की वेदना
घुली हुई है
उन आँखों में
और देखो तो
छलका कर पीड़ा-घट
कैसे मुस्कुराती है
मुस्कान है यह उसकी
या सुधा का स्रोत ।
शायद
व्यथितों के
नयनों में पलने वाले
नीहार-बिंदुओं को
भर लायी है
आँचल में
और सजा रही है

उन अश्रु-मुक्ताओं को

फूलों की

पंखुड़ियों पर

घास के बिछे हुए

हरियाले गलीचे पर

पत्तियों की नोकों पर

सब कहीं

इधर उधर ।

कैसे कह दूँ

अनजाने !

ठहर

नादान हृदय !

किस अमर वेदना ने

तुमको अपनाया ?

किस ओर

चले जाते हो

ढलते ढलते

दिनकर से ?

लुकती छिपती सी

जाती है दृग-छाया ।

कैसे कह दूँ

तुमसे यह -

'तुम मेरे हो' ?

कैसे कह दूँ

जगती की

यौवन माया के

अलसाये यौवन पर

ढलने वाली

चित्रावली के

नूतन

अमर चितेरे हो ?

भोले विश्वास

अमर जीवन

अधरों की

मधु मुस्कान तुम्हीं हो ।

मेरे जीवन !

सूने उपवन के

स्वत्व सुमन !

सच कहूँ

हमारे जीवन धन !

पहचान तुम्हीं

फिर भी

ऐसे अनजाने से

अनदेखे से

बिलमाए भूले से

सपनों में खोए से

जगते जीवन से

सोये से

हमको यों

तज कर जाते हो

जैसे

अपनों का सत्व नहीं

या फिर

जो है वह अपना है

इस जग में

कहीं परत्व नहीं ।

उलझन से

क्यों उलझाते हो ?

मेरे जीवन धन !

जाते हो ?

तू कौन

अरे तू कौन ?

सांत्वना मेरी !

मेरे जीवन की

उलझन

या मन की

मूक समस्या

सूने होठों की

तड़पन

या छलना की

मधुमाया ?

ओ अमर कल्पना मेरी !

तू देवी !

सुधा का घट है ?

या यह जीवन

मरघट है ?

तू हृदय - वेदना मेरी

या फिर

कोई झंझट है ?

कुछ बोल

न चुप रह मानिनि !

क्यों करती है

मनमानी ?

किस के सपने लूटेगी ?

किस के

दुख सुख की भागिनि ?

जा शुष्क साधना मेरी

मनहरी कामना मेरी

मिटने दे

मेरी आशा

मत देख

जल्पना मेरी

ओ मौन सांत्वना मेरी !!!

अज्ञात के प्रति

अज्ञात

हृदय-धन मेरे !

तुममें

सुहाग की लाली

तुम जीवन की

हरियाली

बाहों में तुम्हारी ही

एक दिन

विकसित होगी

मेरे उपवन की

हर कलिका मतवाली ।

कितने

जाने अनजाने

अनदेखे से

अनचीन्हे अस्तित्व

यहां आए हैं ।

क्यों ? पूछोगे
तो सुन लो
इस अबला को
भटकाने ।
अचल रही पर सदा
संजोया हुआ हृदय
आतुर था
शायद
तुमको ही पाने को ।
तभी तो
चुपके से
जाने कब
छलिया बन कर
छाये मन-पथ पर यों
जैसे हृदय
तुम्हारा घर हो
या फिर
मानस पट प्रतिमा में
बसा हुआ
सपनों का कोई
सुंदर सत्व नगर हो ।
छीन लिया

अस्तित्व हमारा
अस्थिरता देकर
क्यों भटकाते हो
क्यों यूं पथ पर ?
रह न जाये
कर्तव्य अधूरा
भावों की लहरों पर
आह,
कहाँ अवकाश
हृदय में
तुमको लेकर
कहां बसेरा दूंगी ?
आँसू के पल
देकर तुमको ।
ओह,
चले जाओ
मत छेड़ो
ममता की राहों को
अरे न आओ
आज
हमारे भावों में
सपनों में

मन में
मत छीनो
आहों को
जलने दो
हर आस हृदय की
पीड़ा की बाहों को ।
मेरी पीड़ा थी
मैं ही रोयी थी ।
पर क्यों चेहरा
था तुम्हारा कुम्हलाया ?
क्यों हम अभिशप्तों के
जीवन पथ पर
तुमने
कलियों का सौरभ
बिखराया ?
कहो तुम्ही
क्यों प्यार किया
आँसू से ?
कहो
चिता की लपटों
चिनगारियों ने
क्यों मन को ऐसे

है तुम से

विलग किया ?

मेरे इस

मृण्मय प्रदीप को

दीप्ति अमर बन कर

क्या दोगे फिर

शाश्वत प्रकाश ?

जलते अर्जन की सुषमा ?

यह निबिड़ निशा

यह घोर अवधि

जीवन-धारा का

यह प्रपात

अविराम स्नेह

न्यौछावर मन ।

हर अतृप्ति की

तृप्ति नहीं

चिर आकांक्षा

विचलन की ।

'हम-तुम'

'हम' 'तुम' हो जायें

यह इच्छा

विधि के मन की ।

विश्वास चरण !

सुख के कारण !

स्वर्गिक सुख

ओ पथ दुस्तर !

जीवन-मरण

उदय बेला में

आत्म-संचरण की

हेला में

कभी कहीं

अटकूँ भटकूँ

तो तुम

अनुपम विश्वास

जगाना

अनमिल मन की

प्यास न लाना

अधरों पर

उच्छवास खिलाना

और

न रुकना

न जाना .. न ....

क्या था वह

क्या था वह ?
कैसा आभास ?
कैसा अनुभव ?
ओह
वह अनिर्वचनीय
अनुभूति
अवर्णनीय क्षण
जीवन की प्रगति
नियति
और वर्तमान का
वह युद्ध ।
विजय और
पराभूत भावों का
वह अभिनय ।
आंसुओं की धारा
मुस्कुराते अधर

और

अंगारों से

दहकते नयन

एक गहरा मौन

न टूटने वाला

वीराने पन का

अनोखा एकांत

उदासियों का

गुम्फित रूप

पीड़ा का पुंज

मानस भावों का

संगुम्फान

एक आह

एक चीख

और फिर

गहन शांति।

समय की धार

आँसुओं में जीते

मानव

नर कंकाल

टुकड़ों पर पलने वाले

जीव

कुत्तों से

बदतर जिंदगी

नाली के

बिलबिलाते कीड़ों जैसा

बजबजापन

सस्ती मौत

और

दूर दूर तक फैला

नदी का किनारा

जलती हुई

रेत में

खेलते बच्चे

चमचमाती धूप

और बहकती लहरें

कभी

न रुकने वाली

समय की धार

हर बंद

हर उलझन

और हर रुकावट को

तोड़ती

बढ़ती रही

आगे

और आगे...

धरा का श्रृंगार

अभिनव श्रृंगार

धरा का

मधुरिम

मादक मधु-छाया

उपवन में खिलती थीं

कलियाँ

सौरभ बिखरा

मलय - अनिल में

बाहों में मचला

अंचल-धन

सिर से

घूंघट का पट

ढलका ।

सिहरा तन

विहँस उठीं आँखें

पति-तन में

नूतन मतवालापन

तड़पा

मचला

उन आँखों में

नवजीवन का

सुंदर सपना

वह कृषक - वधू

वही इला-लली

नभ की बेटी

 वह दिग-ललना

आओ

आओ

उपहार

न लोगे क्या ?

हृदय के

प्रेम-निकुंज में

बिखरा हुआ

अस्पष्ट आसन

समर्पित हर एक

सिहरन

प्रसरता सौंदर्य सुख

व्यग्र

अर्द्धविकसित

अनोखा उर

अजानी कल्पनाएं

अस्पष्ट सी ज्वाला यह

विद्रोह की

विस्फटिका उ

उल्लसित वक्ता

पृष्ट की वह उत्तरा

वह रुष्ट तुष्ट

उदास सुख-मुख

उमड़ते रुचिमान

भावों में

कहीं स्पष्ट रेखा

कल्पना की

वेदना की

भावना की

क्या कहीं पर था

कोई सौंदर्य आया ?

क्या किसी ने

सपने से

एहसास के

कण को जगाया ?

नव्य जीवन की

विकल विश्वासिता सी

मौन स्मृति

इस नवोढा लाज का

उपधान लेकर

यूं न तुम जाओ

रुको

ठहरो अब

सुनो तो

कहो

इस आहत हृदय की

मधुरता में डूब कर

फिर कंटकों की

कसक में

डूबी बहार

न लोगे क्या ?

आओ

उपहार

न लोगे क्या ?

यही तो जीवन है

आँखों में
पल्लवित हुई
हृदय की पीड़ा
लो
फिर से
मचल उठी
मेरे जीवन की
मधुमय वीणा ।
मेरे अधरों पर
गीतों की
पंक्तियाँ
मचलने लगीं
अचानक
अरे,
न जाने क्यों
कैसे

मेरे मानस की

अजर शक्ति

शीश उठाते भावों की

हर कली

कुचलने लगी

अचानक

आँसू भरे

अभागे आंचल में

फिर अंगारे

जलते हैं

आह

यही तो

जीवन है न ...

हम तुम

सुना है

हम आत्मा हैं

और तुम

परमात्मा हो

फिर कहो

क्यों दूर हैं हम ?

जिंदगी के

किस नशे में

चूर है हम ?

तुम परम हो

परम पावन

किंतु क्यों

हम पापमय हैं ?

क्यों अमर हो

अजर हो तुम

प्राण अपने

शापमय हैं ?

खैर

जो भी हो

महान

सुपूज्य हो तुम

और हम

तुम्हारे चरणों की

धूल भर हैं

तुम सुरभि हो

और हम

सूखे दलित से

फूल भर हैं ।

मर्यादा पुरुषोत्तम

फिर दशहरा आ गया

गूंज उठा

जय घोष

मर्यादा पुरुषोत्तम

रघुकुलावतंस

राजाधिराज रामचंद्र का

साथ ही

लंकाधिपति

रावण के प्रति

जन मन में

कौंध उठा

पुनः रोष ।

मन में उठने लगे

अनेक प्रश्न

क्या राम वास्तव में थे

मर्यादा पुरुषोत्तम ?

गुरु शिष्य की मर्यादा
पिता पुत्र की मर्यादा
माताओं के प्रति
मर्यादा का निर्वहन
राम के ही
वश की बात थी ।
सच ही तो है
सामर्थ्य होने पर भी
जिसने
बिना विरोध किये
मान ली विमाता की
पिता से की गई
अनुचित मांग
जनता का
समर्थन होते हुए भी
पुत्र की मर्यादा का
करते हुए पालन
स्वीकार
कर लिया वन गमन
पति की मर्यादा की
करने हेतु रक्षा
जूझ गया

लंकाधिराज रावण से
शत्रु का समूल नाश कर
मुक्त करा लिया
पत्नी को ।
राजा की मर्यादा
निभाते हुए
खपा दिया
अपना सम्पूर्ण जीवन
प्रजा-रंजन में ।
जीवन के प्रत्येक क्षेत्र में
मर्यादा पालन को ही
बना लिया जिसने लक्ष्य
क्यों न हो वह
जन जन का प्रेरक
मर्यादा का रक्षक
मर्यादा पुरुषोत्तम
राम के पथ का
करते हुए अनुसरण
आइये मनायें
विजयादशमी
सच्चे मर्यादा पुरुष का
जयघोष करें

मर्यादा का
पालन करने के लिये
जन जन में
नूतन जोश भरें ।

शत शत अभिनन्दन
(जयप्रकाश नारायण के प्रति)

हे जननायक !

निर्बलों के बल

निराश हृदयों के

विश्वासदायक !.

श्रमिकों के घरों में

रीते विशंभरों में

कल कारखानों में

निर्धनों

खदानों में

हरी भरी वसुंधरा पर

भारत की

इस धरा पर

ऊसर पर

परती पर

देश की

धरती पर
दरिद्रों के गेह में
दलितों के नेह में
सूनी झोपड़ियों में
तपती दुपहरियों में
व्याकुल
जनमानस का
स्वीकारो अभिनंदन ।
तेरा शत शत वंदन ।।

हे जयप्रकाश !
आये तुम
वसुंधरा पर
करने को
मानवता का विकास
हमें दो
एकता का
अभिनव प्रकाश
प्रगति का
आत्म बल का
अनुपम विश्वास

संघर्षों के प्रांगण में

उतरे हो

छोड़ कर

विश्राम-सेज

जीत चुका है आत्मबल

जीत चुके हो जन मन

तुम्हें क्या हराएगा

महाकाल

देख कर यह उत्साह

यह आत्मबल

स्वेद-जड़ित हो उठेगा

उसका भाल ।

हे जनसाथी !

छोड़ हमें एकाकी

मत जाना

हमसे दूर

भला

कैसे रह पाओगे ?

चले गये

तो भी पछताओगे

अंततः

पड़ेगा तुम्हें

नूतन जन्म धारण कर

इसी भारत में आना

साथ तुम सदा दोगे

जनता है मांग रही

आश्वासन

स्वीकारो अभिनंदन ।

शत-शत अभिनंदन ।।

विवाह के फेरे

विवाह में

चढ़ावे के अवसर पर

वर के पिता

लड़की वालों पर

उखड़ गए

अपनी बात पर

अड़ गए

बोले -

"बीस लाख से

एक पैसा भी कम

न लूंगा

दहेज न मिला

तो मैं

यह विवाह भी

नहीं होने दूंगा।"

वर समझदार था

साथ ही
थोड़ा खुद्दार था ।
उसने
पिता को समझाया
विवाह का
अर्थ बताया ।
कहा -
"विवाह
दो आत्माओं के
मिलने का नाम है
यहां रुपयों का
क्या काम है ?
रिश्ते तोड़े नहीं
जोड़े जाने चाहिए ।"
किंतु पिता ने
पुत्र की
एक न सुनी
अपनी ही
जिद पर अड़ा रहा
युद्ध के
उस मैदान में
अकेला ही खड़ा रहा ।

पुत्र को डांट दिया -
"तू मत बोल ।
मेरे सामने
अपनी जबान
मत खोल ।
विवाह मैंने तय किया है
मैं इसे अपने ही
ढंग से करूंगा
तुझसे
या दुनिया वालों से
बिल्कुल नहीं डरूंगा ।"
लड़का चुप हो गया ।
कन्या पक्ष वालों ने
बड़ी कठिनाई से
किसी प्रकार
रुपयों का प्रबंध
कर दिया
समधी का मुंह
रुपयों से भर दिया
खुश होकर उसने
पुत्र को बुलाया
आओ बेटा !

अब तुम
फेरे पड़ लो ।
पुत्र ने सरोष
उत्तर दिया -
विवाह तो आपने
तय किया है
अपने ही ढंग से
कर लीजिए
अब मेरी बजाय
आप ही
फेरे पड़ लीजिए ।

रामनवमी (मार्च 1986)

प्रति वर्ष की भांति

इस वर्ष भी

रामनवमी आयी है

जन-जन के

हृदय में

फिर से

खुशियों की लहर

लायी है ।

इस वर्ष

उनका उत्साह

कुछ अधिक ही

उमंगित है

सरयू की लहरों सा

उनका मानस भी

उलसित और

तरंगित है

क्योंकि
भगवान राम की
जन्मभूमि का
ताला खुल गया है
जन्मदिवस की
खुशी के साथ
उनकी स्वतंत्रता का
आनंद भी
मिल गया है ।
लोग
अपनी भावनाएं
भाँति भाँति से
प्रकट कर रहे हैं
कुछ खुशियों में भरे
दीपावलियाँ
सजा रहे हैं
तो कुछ
अपने ही भाइयों के
जीवन की होली
जला रहे हैं ।
कहीं भंडारे पर
भूखों का

भोज हो रहा है
और कहीं
बंद का आयोजन ।
प्रश्न यह नहीं है
कि ताला क्यों खुला
प्रश्न यह है
कि ताला
बंद क्यों हुआ ?
एक बाप के
दो बेटों को
आपस में
लड़ाने के लिए
घर में
जबरन घुस आने वाले
डाकू ने
दोनों का पूजा-घर
एक कर दिया
अपनी समझ से
दोनों की बुद्धियों का
प्रकाश
मंद कर दिया ।
कैसी है वह जाति

जिसने भगवान को भी

ताले में

बंद कर दिया ?

और अब

आपस में लड़ने वाले

दोनों बेटे भी

कितने ढीठ हो रहे हैं

सांप के

गुजरने के बाद भी

उसकी लकीर को

पीट रहे हैं

काश

उन्हें कोई

समझा दे

कि इस तरह

वे अपनी नींव में

स्वयं ही

पानी दे रहे हैं

समय के सागर में

तल के छेदों को

बंद किए बिना ही

अपनी नाव

खे रहे हैं ।

पहचान

'लव स्टोरी' का

नाइट शो देख कर

लौट रहा था बड़ा भाई

पत्नी तथा

छोटे भाई सहित ।

अचानक

सूनी सड़क देख कर

एक दुष्ट ने

रोक ली राह ।

उसका सुंदर रूप

और जीनत अमान जैसा

वेश देख कर

उसके सीने में भी

जाग उठी चाह ।

रोक दी कार

खोल दिया द्वार

दोनों भाइयों को
परे सरका कर
कर लिया उसने
उनकी
पत्नी का अपहरण ।
पत्नी मचली
तड़पी और फिर
'संपूर्ण रामायण' की
नायिका की भांति
विलाप करने लगी ।
अपने शरीर से
रोल्ड गोल्ड के
नकली आभूषणों को
उतार उतार कर
कार से बाहर
फेंकने लगी ।
विवश बड़े भाई ने
दांत पीसते हुए कहा -
"काश,
इस समय
मेरा रिवाल्वर
साथ होता

तो साले को

इसी दम

शूट कर देता ...।"

पत्नी को ढूंढते

हर राह चलते से

पूछते

दोनों भाई आगे बढ़े

रास्ते में

कुछ

पुलिसवालों को

देख कर

बड़े भाई ने

अपना दुखड़ा रोया

आँसुओं से मुंह धोया ।

एक पुलिस वाले ने

अपने

नशे से लाल नेत्रों को

खोला

फिर भाई से यूं बोला -

"अभी कुछ देर पहले

जब हम लोग

शराब घरों से

आया हुआ हिस्सा
आपस में
बांट रहे थे
तब एक कार से
गोरे-गोरे सुंदर हाथों ने
अपने कुछ जेवर
यहीं गिरा दिये ।
हमने उन्हें
उठाया तो था
असली समझ कर
लेकिन
वे नकली निकले
देखिए,
कहीं ये गहने
आपकी पत्नी के
तो नहीं हैं ।"
बड़े भाई ने
गहनों को उठाया
उन्हें सीने से लगाया
थोड़ा आँसू बहाया
फिर छोटे भाई को
दिखाया -

"भाई ! देखो,
मेरे विचार से तो
ये तुम्हारी भाभी के ही
गहने हैं
जिन्हें हमने
उस दिन चौक से
खरीदा था ।"
छोटे भाई ने
उन्हें गौर से देखा
आँखों से परखा
फिर कहा -
"भाई जी !
यह हार तो
निश्चित रूप से
भाभी का ही है
क्योंकि प्रतिदिन
उनसे हँसी मजाक
करते हुए
इसे मैंने
उनके सीने पर
झिलमिलाते हुए
कई बार

देखा है

लेकिन ये पायल

और बिछुए

उन्हीं के हैं या नहीं

यह मैं

नहीं कह सकता

क्योंकि

मैंने कभी भी

उनके पैरों की ओर

नजरें झुका कर

नहीं देखा है ।"

दिनकर

जो दिन को
दिन बनाता है
आलोकित करता है
अपनी
अनंत रश्मियों से
भर देता है
दसों दिशाएं
दूर कर देता है
घना अंधकार
साहस स्फूर्ति तथा
उल्लास
बिखरा देता है
चारों ओर
निर्मल उजास
लाता है वह
चुरा लेता है

अँधियारे को
भगा देता है
तिमिर दैत्य की
सेना को
जगमग कर देता है
संपूर्ण सृष्टि
यही तो है
जीवन का पर्याय
धरती का मीत
अन्नदाता
कृषकों के सुहृद
जीव मात्र के
सच्चे साथी
कितने हैं तुम्हारे नाम
कहीं दिनकर
कहीं दिवाकर
किरणों के आकर
सूर्य तपन
तापदाता
मेघों के जनक
भर देते हो
धरती के आँगन में

रंगों की क्यारियाँ

अजब है

तुम्हारा ढंग

अनुपम हैं

तुम्हारे दिए हुए रंग

बनाए रखना

जीवन को उल्लसित

धरा को पुष्पित

पल्लवित

सुन रहे हो न

दिनकर !!!

उपहार

राम के

वन गमन का

पाते ही समाचार

लक्ष्मण

हो गए अधीर

छाती में

चुभ गया जैसे

तीक्ष्ण तीर

क्या हो गया यह ?

ज्येष्ठ पुत्र का अधिकार

छीनने का कुचक्र

और विवश राजा

देख रहा है

पत्नी के नयन वक्र

आहत

उपेक्षित है

कर्तव्य मार्ग ।
साधु प्रकृति राम
क्यों नहीं करते विरोध
तत्पर है प्रजा
देने को सहयोग ?
सभी तो
मानते हैं उन्हें
युवराज
भावी राजा
किन्तु
सहज ही
स्वीकार हो गया है
राम को
अयाचित वनवास ।
उन्ही के
अनुगमन के लिये ही
आदेश लेने गये
कुमार लक्ष्मण
माता के निकट ।
यही तो थी
राम की आज्ञा ।
क्या लिखा है

नियति में
विधाता ने
यदि
आज्ञा न दी माता ने
रोक लिया तो ?
किन्तु यह थी
लक्ष्मण की भूल
शंका हुई निर्मूल
माता सुमित्रा की
अनुमति मिली
मन की कलिका
खिल उठी
वेग से जाते
लक्षण के पाँव
ठिठक गये
रुक गये
समस्या थी विकट
खड़ी थी
द्वार के निकट
उर्मिला
देखती उनका मुख
स्वामी !

कह उठी वह ।
"मेरे लिये
क्या आदेश है तुम्हारा
यों ही छोड़ जाओगे
अर्धांगिनी को
बेसहारा ?"
कुछ कह नहीं सके
लक्ष्मण ।
"रोकूंगी नहीं
बनूंगी नहीं
कर्तव्य पथ का
व्यवधान
किंतु
मांगती हूँ
कोई आधार ।
दे जाओ कुछ ऐसा
काट सकूं जिससे
यह विरह की अवधि
कर सकूं
देह सहित
तुमसे पुनर्मिलन की
प्रतीक्षा ।"

पल भर ठिठक कर

कहा पति ने

"मैं दिये जाता हूँ तुम्हे

अपनी रातों की नींद

सोते हुए

स्वप्न मिलन के सहारे

काट लेना

यह विरह अवधि

निद्रा त्याग कर

कर सकूँगा

मैं भी

अग्रज स्वामी सुहृद

राम की सेवा

निर्बाध ।"

"अनुग्रहीत हुई

स्वामी !

आभार तुम्हारा ।

अनुपम है

प्यार का यह

उपहार तुम्हारा

तुम्हारे स्वप्नों में खोकर

बिता दूँगी

सम्पूर्ण अवधि

सोकर ।"

बोली उर्मिला

उसके

नयनों में

नींद के बादल

घिरने लगे

अर्द्ध निमीलित

पंकज - नयनों में

मिलन के स्वप्न

तिरने लगे ।

सुनो वीरदास

सुनो वीर दास

सुनो वीर दास
मत आना लौट कर
भारत माँ के पास ।
जिसने तुम्हें
पाल पोस कर
बड़ा बनाया
तुम्हें प्रसिद्धि के
शिखर पर बिठाया
उसी माँ का
विदेशी भूमि पर
उपहास करते
अपमान करते
तुम्हें लज्जा न आयी ?

अपने संस्कार,
अपनी सभ्यता
कहाँ बेच खायी ?
तुम भी तो मर्द हो
इसी देश की गर्द हो
क्या तुमने अपना ही
अनुभव बताया
दिन में देवी कहते हुए
पूजा करने के बाद
कितनी स्त्रियों के साथ
बलात्कार किया ?
तुम कहते हो
देश को
महान बताने के लिये
तुमने ऐसा कहा
देश को बदनाम
करने वाली
टिप्पड़ी कही
तो क्या तुम्हें
माता जीजाबाई
रानी अहिल्याबाई
रानी लक्ष्मीबाई

रानी पद्मिनी

की बलिदान गाथा

याद न रही ?

और तो और

तुम्हें तो

महाराणा प्रताप

वीर शिवाजी

भगत सिंह

सुभाष जैसे वीरों का

बलिदान भी

नहीं याद आया ।

न तुम्हें देश की

वर्तमान प्रगति याद रही

न उपलब्धियाँ

अपने ही दामन को

दागदार कर

उड़ाईं अपने ही

सम्मान की धज्जियां ।

शर्म करो वीर दास

यदि हाँ तुम्हारे

ऐसे विचार

करते हो

देश की अस्मिता पर

प्रहार

तो स्वयं को

भारतीय मत कहो

किसी और देश में

जाकर रहो ।

फिर से सुनाओ

सुनो कान्हा !

अब भारत में आकर

बहुत दुख होगा तुम्हें

देख कर मैली

यमुना की धारा

उजड़ा हुआ तट

विलुप्त होते कदम्ब वृक्ष

और वृंदावन

काट दिये गए हैं

कितने ही वृक्ष

प्रदूषित हो चली हैं

हवाएँ

नहीं दिखते अब वन-प्रदेश

दिखती हैं अब

ऊँची ऊँचीअट्टालिकाएँ

बहुमंजिली इमारतें

वातावरण का

ताप बढ़ाते एसी

शोर मचाते

लाउडस्पीकर

मोबाइल में उलझे

स्नेह से परे

काल्पनिक संसार में

विचरण करते

आत्ममुग्ध

व्यस्त जन ।

लोगों की निकटता को

खंडित करते लोग

विचित्र रोग

मरती हुई मानवता

भावनाओं के श्मशान

विरक्त हृदय

जैसे सूखे रेगिस्तान ।

नहीं पाओगे

प्रेम की उफनती नदी

वस्त्रों में सिमटती

लजीली गोपियाँ

नहीं मिलेंगी

माँ यशोदा की
प्यार भरी थपकियाँ।
तुम्हें परदेश जाने से
रोकने के लिये
नहीं आयेगी जनता
नहीं डालेगी बाधा
तुम्हारे मार्ग में
राधा ।
अब तो
यमुना में
स्थायी रूप से
बस गया है
प्रदूषण का कालिया नाग
जो बरसों से
रहा है जाग ।
स्वार्थ के कारण
व्यर्थ हो रहे हैं
उसे मारने के सारे प्रयत्न ।
स्वयं को 'देशभक्त' कहने वाले
तथाकथित
शासक
मार रहे हैं

तुम्हारी प्राणाधिक प्यारी
गउओं को ।
तुम्हारे द्वारा पूजित
साधु जनों की
खुलेआमहो रही हैं
हत्याएँ
लुट रही हैं
सरेआम द्रुपदाएँ
और आज का अर्जुन
भूल गया है अपनी शक्ति
व्यर्थ हो गया है
गांडीव ।
इसलिये
पुनः आओ धरा पर
पुकार रही है तुम्हें
त्रस्त मानवता
एक बार फिर
जगाओ
सोये हुए वीरों को
फिर से सुनाओ
गीता के श्लोक

हर लो
धरती का शोक ।

पथिक

पथिक

उत्कर्षों का राही

कब पूछता है ठौर ?

वे तो

होते हैं कोई और

जो ढूंढते हैं राहें

रुकने के ठिकाने

और साथ ही

संबल स्वरूप

किसी की बाहें ।

पथिक है वही

जिसे बस

बढ़ने की हो चाह

जिधर उठे पांव

उधर ही

फूट पड़े राह ।

एक था दुष्यंत

एक थी शकुंतला

एक था दुष्यंत

दोनों में बड़ा प्यार था

किंतु उन्हें

ज्ञात न था

अपना भविष्य

अपने इस प्रेम का अंत ।

एक दिन

पूछा शकुंतला ने

अपने दुष्यंत से

मानो हरियाली ने

पूछा हो बसंत से

कब हम एक होंगे ?

कब होगा हमारा विवाह ?

सुनते ही

ठठा कर

हँस पड़ा वह -

प्रिय शकुंतले !

प्रेम भरे मानस की

अपनी अलग भाषा है

विवाह और प्रेम

दो अलग वस्तुएं हैं

इनकी

अलग अलग परिभाषा है ।

प्रेम

मात्र मन के उदगारों

अतृप्त इच्छाओं

व दुर्दम वासनाओं का

संकलन है

और विवाह

समाज के साथ

जीवन का

बड़ा ही मोहक

संतुलन है ।

नहीं प्रिये !

तुम तो

बस प्रेयसी ही रहो

मेरे घर की रानी

बन कर

वैभव के कष्टों को

तुम भला

क्यों सहो ?

मेरे घर की रानी

बन कर

वैभव के कष्टों को

ओ वियुक्त मनुहार

मेरे

एकाकी विश्वास !

ओ वियुक्त मनुहार !

जिंदगी की

राह में कब

कौन कैसे

बांध जाएगा

हृदय ?

कहां

कब कौन आये

क्या पता ...

संभावना की

किस गली में

कौन चातक

कह उठेगा -

'पी कहां रे !'

जब

अकल्पित सत्य

हीन यथार्थ होगा

जब

तुम्हारे द्वार पर

डोली सजेगी

बन प्रतीक्षा

अनमिला

स्मृति दिशा सा

मैं तुम्हारी कामना में

बस रहूंगा

पूछ लूंगा राह तुमसे

जिंदगी की

या सिखा दूंगा

सजाना

स्नेह का घर ।

भावना को

मौत का

उपहार देकर

कामना को

मिल रहा

सम्मान देकर

मैं हताशा सी

बनूंगी

एक झोंका

आंधियों का

और

तुमसे दूर ही

जाती रहूंगी

दूर .... इतनी दूर

जो दूरी नपे न

और

मेरा प्यार भी

मुझ पर हँसे न ।

प्यार की भाषा

प्यार की
होती है
अपनी ही
अबोली भाषा
भिन्न परिभाषा
बिना अधरों को
हिलाये
कह सुन लिये जाते हैं
अनगिनत किस्से ।
मन से
मन को छूकर
सहला देती हैं
भावनाएं
हर लेती हैं सारी पीड़ा
मूक सांत्वनाएँ ।
भावनाओं की उंगलियाँ

देती हैं पावन स्पर्श

हो जाता है

तन मन शीतल ।

मन की

प्रमुखता में

देह

गौण हो जाती है

पल भर में ही

प्रीति की

नन्ही बालिका

प्रौढ़ हो जाती है ।

सुनो साँसों के स्वर

महसूस करो

हृदय के निकट

प्रिय की

उपस्थिति को

मिटा कर

अपना अहम

अपना अस्तित्व

समाहित हो जाओ

डूब जाओ

प्रेम के

अगाध समुद्र में ।

नीड़

तिनका तिनका

चुन कर

बनाती है बया

किसी वृक्ष की

मज़बूत डाल पर

अपना सुख-नीड़

सजाती है

जुगनुओं से

बसाती है घर

पालती है

नन्हे चूज़ों को

बनाती है उन्हें

जीवन यात्रा हेतु

सक्षम ।

मनुष्य भी तो

पैसा पैसा जोड़ कर

खरीद कर

जमीन का

एक टुकड़ा

बना लेता है

अपने सपनों का

घरौंदा

सजाता है उसे

अपने सपनों

आशाओं और

कल्पनाओं के रंगों से

पालता है सन्तति

बनाता है उन्हें

समाज में

सम्मानपूर्वक

जीने योग्य

और तब

बया के

बच्चों की तरह ही

होते ही समर्थ

उड़ जाते हैं सब

अपने सपने

सुनहरे सपनों के साथ

नहीं लौटते

अक्सर

रह जाती हैं

उदास नीड़ में

सजल

प्रतीक्षारत

दो जोड़ी आँखें

देखती रहती हैं राह

बिना थके

उनकी

जो नहीं लौटते

अक्सर ।

www.ingramcontent.com/pod-product-compliance
Lightning Source LLC
La Vergne TN
LVHW040010200726
843493LV00005B/1208